초등 교과서

관용구
따라쓰기

엮음 **편집부** 그림 **김원주**

DD**주니어 단디**

머리말

'말은 마음의 창'이라는 말이 있습니다.

자신의 생각을 표현하는 방법에는 여러 가지가 있지만, 말과 글로 전하는 것만큼 정확한 표현은 없을 거예요. 하지만 '아 다르고 어 다르다'라는 속담처럼 단어 하나, 문장 하나로 의미가 달라지기도 하고, 생각과는 다른 뜻이 전달되기도 합니다. 그리고 때로는 내 감정을 보다 섬세하고 명확하게 전해주고 싶은 단어나 문장이 필요하기도 하지요. 표현을 다양하게 하고 싶을 때 우리는 사자성어나 속담을 이용하기도 하고 '관용구'를 쓰기도 해요.

관용구는

'두 개 이상의 단어로 이루어져 있으면서 그 단어들의 의미만으로는 전체의 의미를 알 수 없는, 특수한 의미를 나타내는 어구.'라고 사전적으로 정의되어 있어요. 어려운 말 같지만 쉽게 생각하면 단어가 가진 본뜻과는 달리 문장 자체가 하나로 굳어지면서 일상적으로 사용되는 표현을 얘기해요. 그래서 관용구만 보아선 그 뜻을 이해하기 어려울 때도 있지요. 앞뒤로 연결된 문장을 파악해야 알 수 있기 때문에 다양한 문장을 접해 보는 것이 중요해요.

〈초등 교과서 관용구 따라 쓰기〉에서는

초등학교 교과서 전반에 걸쳐 있는 관용구를 '사회 · 상태' '심리 · 감정' '태도' '행위' 네 가지 의미 · 상황으로 분류하여 정리하였어요. 초등 3학년부터 5학년 내용을 중심으로 어우르면서 2학년과 6학년 교과 내용에서도 발췌하였어요. 그래서 관용구를 이제 막 접한 친구들에겐 낯설고 어려운 문장이 있을 수 있고, 고학년 친구들에겐 쉽게만 보일 수도 있지요. 하지만 저학년 친구들에겐 미리 관용구를 살펴보며 풍부한 표현을 할 수 있는 자신감을 심어 주고, 고학년 친구들에겐 배웠던 관용구를 되짚어 보면서 어휘력을 탄탄하게 만들어 줄 수 있어요.

관용구, 어렵게 시작하지 말고

교과서에서 시작해서 〈초등 교과서 관용구 따라 쓰기〉로 완성해 보세요. 교과서에 나온 관용구를 읽으며 따라 쓰고, 다양한 예문도 따라 써 보세요. 컴퓨터 자판 대신 연필을 붙잡고 한 글자 한 글자, 문장을 따라 쓰다 보면 어느새 스스로의 말과 글 속에 관용구가 자연스럽게 녹아들게 될 거예요.

차례

2장 심리·감정

차례

4장 행위

원	고	지		쓰	는		법

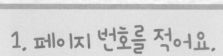

1. 페이지 번호를 적어요.

원고지의 오른쪽 위를 보면 No._____ 표시가 되어 있어요. 원고지를 사용해서 글을 쓸 때는
페이지 번호를 적어 주도록 합니다.

No. 1

2. 글의 종류를 써요.

원고지의 첫째 줄 둘째 칸부터 글의 종류를 써 줍니다. 글의 종류란 독서감상문, 일기, 기행문
등을 말한답니다.

	<	독	서	감	상	문	>												

	일	기																	

3. 글의 제목은 둘째 줄에!

글의 제목은 항상 둘째 줄 중간에 오도록 써야 해요.

❶ 제목의 길이에 따라 제목 쓰는 법이 조금씩 달라져요.

		<	독	서	감	상	문	>						
							바			다				

① 제목이 너무 짧을 때는 칸을 띄어서 벌려 써도 됩니다.

		<	독	서	감	상	문	>						
또	박	또	박		따	라	쓰	면		두	고	두	고		써	먹	을
					고	과	서		관	용	구		따	라		쓰	기

② 제목이 길 때는 두 줄로 씁니다. 단, 첫 줄은 왼쪽으로 치우치고, 아랫줄은 오른쪽으로 치우치도록 씁니다.

❷ 제목에 문장 부호를 쓸까요?

제목에는 문장 부호를 쓰지 않아요. 물음표(?)와 느낌표(!)는 쓸 수 있지만 가능하면 쓰지 않는 편이 좋습니다.

		<	독	서	감	상	문	>						
						관	용	구		따	라		쓸	까

❸ 부제가 있어요.

		<	독	서	감	상	문	>							
					관	용	구		따	라		쓰	기		
					-	고	과	서		내	용		위	주	로	-

부제를 쓰게 된다면 본 제목 아랫줄에 쓰고 양 끝에 줄표를 써 줍니다.

4. 글 쓰는 사람의 소속과 이름을 써요.

글 쓰는 사람의 학교, 학년 등과 이름은 오른쪽으로 맞춰서 써 줍니다. 이때 오른쪽 끝으로 두 칸은 비워 놓고 정렬해서 써야 해요.
제목 아래 한 줄을 비우고 써도 되고, 비우지 않고 제목 바로 아랫줄부터 써도 됩니다.

				관	용	구		따	라		쓰	기			
								단	디		초	등	학	교	
								4	학	년		김	단	디	

				관	용	구		따	라		쓰	기			
								단	디		초	등	학	교	
								4	학	년		1	반		
											김	단	디		

					관	용	구		따	라		쓰	기					
								단	디		초	등	학	교				
								4	학	년		1	반					
									남	궁		단	디					

5. 본격적인 글쓰기를 해요.

본문 쓰기는 이름 아래로 한 줄을 비우고 시작해요.

❶ 첫 줄은 항상 한 칸 들여 써요

					관	용	구		따	라		쓰	기					
								단	디		초	등	학	교				
								4	학	년		김	단	디				
	관	용	구	는		두		개		이	상	의		단	어	로		이	루
어	져		있	으	면	서		그		단	어	들	의		의	미	만	으	로
는		의	미	를		알		수		없	어	요	.					
	앞	뒤	로		연	결	된		문	장	을		파	악	해	야		알
수		있	지	요	.													

❷ 큰따옴표("")와 작음따옴표('')를
쓸 때는 따옴표가 끝날 때까지
한 칸 들여쓰기를 합니다.

| | " | 이 | 번 | 에 | | 새 | 로 | | 나 | 온 | | 책 | | 읽 | 어 | | 봤 | 더 | 니 |
| 정 | 말 | | 재 | 미 | 있 | 더 | 라 | . | " | | | | | | | | | | |

| | | | | | | | 무 | | 지 | | 개 | | | | | | | | |

❸ 시를 쓸 때는 시가 끝날 때까지
한 칸 들여쓰기를 해 줍니다.

												임		효		순			
우	리		아	기		뛰	노	는											
시	냇	가		위	에														
빨	강	꽃																	
노	랑	꽃																	
무	지	개		섰	네	.													

❶ 한글을 쓸 때는 항상 한 칸에
한 글자만 씁니다.

❷ 문자에 따라 한 칸에 들어가는 수가 달라요.

| 날 | 씨 | 가 | | 더 | 워 | 서 | | 꼼 | 짝 | 하 | 기 | | 싫 | 었 | 지 | 만 | | | 어 |
| 찔 | | 수 | | 없 | 이 | | 집 | 을 | | 나 | 섰 | 다 | . | | | | | | |

| N | ic | e | | to | | me | et | | yo | u | . | | | | | | | | |
| H | ap | py | | ne | w | | ye | ar | . | | | | | | | | | | |

❷ 알파벳 대문자는 한 칸에
한 글자씩, 소문자는 한 칸에
두 글자씩 써 줍니다.

| 2 0 | 1 7 | 년 | | 7 | 월 | | 3 1 | 일 | | | | | |

❸ 숫자는 한 칸에 두 글자씩 씁니다.
단. 숫자와 온점(.)을 같이 쓸 때는
한 칸에 써 줍니다.

| | 1 . | | 아 | 침 | 에 | | 일 | 찍 | | 일 | 어 | 나 | 기 | . |

❸ **문장 부호를 알맞게 써 보아요.**

문장 부호는 한 칸에 하나를 쓰는 것이 원칙이에요. 하지만, 상황에 따라 조금씩 달라지기 때문에 미리 알아 두는 편이 좋답니다.

| " | 엄 | 마 | , | | 사 | 랑 | 해 | 요 | . " | | | | |

❶ 온점(마침표)과 반점(쉼표), 큰따옴표와
작음따옴표는 각 칸의 왼쪽 또는 오른쪽으로
치우쳐서 써 줍니다. 온점과 따옴표가
같이 들어갈 때는 한 칸에 써 줍니다.

| 동 | 시 | 의 | | 주 | 제 | 는 | | ' 여 | 름 ' | | 입 | 니 | 다 | . |

| " 그 | 게 | | 정 | 말 | 이 | 야 | ? " | | | | |

| 믿 | 을 | | 수 | 가 | | 없 | 어 | ! | | | |

❷ 물음표, 느낌표, 가운뎃점은 한 칸에
하나씩, 줄임표는 세 개씩 한 칸 또는
두 칸에 걸쳐 써 줍니다.
온점과 달리 따옴표와 같이 쓰이더라도
한 칸에 모아 쓰지 않습니다.

| 한 | 복 | • | 양 | 복 | 의 | | 차 | 별 | 점 | | |

| 어 | 느 | 덧 | | 해 | 도 | | 저 | 물 | 고 | … | … | . |

바	로		오	늘	,	여	름		방	학	이		시	작	됩	니	다	.
즐	겁	고		설	레	는		마	음	이	지	요	?		건	강	에		유
의	하	면	서		숙	제	•	과	제	도		잊	지		말	고		계	획
적	으	로		생	활	하	세	요	.									

❸ 문장 부호의 띄어쓰기도 유의합니다.
온점과 반점, 가운뎃점은 바로
다음 칸에 글을 쓰지만, 물음표와
느낌표는 반드시 한 칸을 띄고
글을 써 줍니다.

❹ 딱 한 칸이 모자라요.

	나	는		엄	마	를		큰		소	리	로		불	러		보	았	다	.
	"	자	주		볼		수		있	으	면		좋	을		것		같	아	. "
	"	자	주		볼		수		있	으	면							아	.	"
	"	너	는		말	과		행	동	이		정	말		올	바	르	구	나	! "

❶ 문장의 끝이 원고지 줄의 끝에서 마무리되었을 때, 문장 부호는 마지막 칸 옆에 있는 여백을 이용해서 써 주도록 합니다.

	맞	은	편		가	게	에	선		오	이		다	섯		개	를		10	00
원	에		팔	고		있	대	.												
	우	리	말	로		하	면		바	나	나	,		영	어	로	도		ba	na na
	알	파	벳	을		영	문	으	로		표	기	해		보	면		al	ph -
ab	et	입	니	다	.															

❷ 숫자나 외국어를 쓸 때, 한두 글자의 칸이 부족하면, 줄을 바꾸지 않고 칸 옆에 씁니다. 다만, 외국어의 단어가 너무 길 때는 붙임표(-)를 이용해서 다음 줄에 씁니다.

요즘은 원고지에 글을 쓰는 경우가 많이 없어요. 하지만, 원고지 쓰는 법에 따라 한 칸 한 칸 〈초등 교과서 관용구 따라 쓰기〉를 완성하다 보면 관용구분만 아니라, 문장을 바르게 쓰는 방법까지 알 수 있게 된답니다.

1장
사회
상태

밑도 끝도 없다

 사전에 나온 뜻이에요.

앞뒤의 연관 관계가 없이 말을 불쑥 꺼내어 갑작스럽거나 갈피를 잡을 수 없다.

 쉽게 설명해 볼까요.

'밑'은 '아래'라는 뜻 뿐만 아니라 '기초, 바탕'이라는 뜻도 있어요. 그래서 '밑도 끝도 없다'는 표현은 바탕이 되는 무엇도 없이 말이나 행동이 불쑥 튀어나오는 경우에 쓸 수 있어요.

 관용구 쓰기

밑	도		끝	도		없	다				

 교과서에 나온 문장이에요.

교과 단원
국어 4-1 가 1. 이야기 속으로
글 제목 : 고양이야, 미안해!

"언니, 고양이 만질 줄 알아?" **밑도 끝도 없는** 말에 언니가 눈을 둥그렇게 떴습니다.

		"	언	니	,	고	양	이		만	질		줄	V
알	아	?	"											
	밑	도		끝	도		없	는				말	에	V
언	니	가		눈	을		둥	그	렇	게			떴	
습	니	다	.											

이렇게 활용해 보아요.

그렇게 **밑도 끝도 없이** 행동하니까 내가 화나는 거야!

그	렇	게		밑	도		끝	도		없	이	V
행	동	하	니	까		내	가		화	나	는	
거	야	!										

 한 번 더 활용해 보아요.

밑도 끝도 없는 질문에 밥을 먹을 수 없었다.

세상을 떠나다 [뜨다]

 사전에 나온 뜻이에요.

'죽다'를 완곡하게 이르는 말.

 쉽게 설명해 볼까요.

사람이 살고 있는 모든 사회를 통틀어서 '세상'이라고 해요. 사람이 사는 곳을 떠난다는 것은 곧 '죽음'을 뜻합니다. '영원히 잠들다', '세상을 버리다' 등과 같이 죽음을 표현하는 말입니다.

 관용구 쓰기

세	상	을		떠	나	다			

 교과서에 나온 문장이에요.

교과 단원
국어 4-2 가 1. 이야기를 간추려요
글 제목 : 울보 바보 이야기

그러잖아도 이 **세상 떠날** 날이 오늘내일하는데, 저 아이를 어찌하나 걱정하고 있었다오.

그	러	잖	아	도		이		세	상		떠
날		날	이		오	늘	내	일	하	는	데,
저		아	이	를		어	찌	하	나		걱	정
하	고		있	었	다	오	.				

이렇게 활용해 보아요.

할아버지께서는 작년에 **세상을 떠나셨습니다**.

	할	아	버	지	께	서	는		작	년	에
세	상	을		떠	나	셨	습	니	다	.	

한 번 더 활용해 보아요.

오랫동안 병을 앓아 왔으니, 얼마 안 가 **세상을 뜨고** 말겠지.

사회

열쇠를 쥐다[가지다]

 사전에 나온 뜻이에요.

(일의) 해결책을 가지다. 또는 어떤 일에서 핵심적인 역할을 하다.

 쉽게 설명해 볼까요.

단단히 잠긴 문도 열쇠가 있다면 쉽게 열 수 있어요. 열쇠의 뜻을 비유적으로 이용하여 막혀 있는 문제를 해결함에 있어서 반드시 필요한 역할을 한다는 뜻이에요.

 관용구 쓰기

열	쇠	를		쥐	다			

 교과서에 나온 문장이에요.

> 교과 단원
> 국어 5-2 나 9. 다양하게 읽어요
> 글 제목 : 남극을 향하여

지구의 기후 변화에 대한 **열쇠를 가진**, 무궁무진한 자원 개발의 가능성을 지닌 땅으로 바뀌고 있다.

지	구	의		기	후		변	화	에		대
한		열	쇠	를		가	진	,	무	궁	무	진
한		자	원		개	발	의		가	능	성	을	V
지	닌		땅	으	로		바	뀌	고		있	다	.

이렇게 활용해 보아요.

이 문제를 해결할 **열쇠를 가진** 사람은 오직 너뿐이야.

	이		문	제	를		해	결	할		열	쇠
를		가	진		사	람	은		오	직		너
뿐	이	야	.									

 한 번 더 활용해 보아요.

내 인생의 **열쇠는** 내가 **쥐고 있어.**

땅이 꺼지게 [꺼지도록]

 사전에 나온 뜻이에요.

한숨을 쉴 때 몹시 깊고도 크게.

 쉽게 설명해 볼까요.

땅을 향해 아무리 크게 숨을 내쉬어도 땅이 아래로 움푹 파이는 일은 없을 거예요.
그렇다면 땅이 꺼질 정도로 한숨을 쉰다는 건 상심과 걱정이 무척이나 크다는 뜻이랍니다.

 관용구 쓰기

땅	이		꺼	지	게			

 교과서에 나온 문장이에요.

교과 단원
국어활동 3-1 가 3. 중요한 내용을 적어요
글 제목 : 화요일의 두꺼비

발이 퉁퉁 부어서 보통 때보다 두 배는 더 커 보였습니다. 워턴은 **땅이 꺼져라** 한숨을 쉬었습니다.

발	이		퉁	퉁		부	어	서		보	통	V
때	보	다		두		배	는		더		커	
보	였	습	니	다	.	워	턴	은		땅	이	
꺼	져	라		한	숨	을		쉬	었	습	니	다

이렇게 활용해 보아요.

어린 아이가 무슨 한숨을 <u>땅이 꺼지도록</u> 쉬니?

| 어 | 린 | | 아 | 이 | 가 | | 무 | 슨 | | 한 | 숨 |
| 을 | | 땅 | 이 | | 꺼 | 지 | 도 | 록 | | 쉬 | 니 | ? |

 한 번 더 활용해 보아요.

소풍날 비가 온다는 소식에 진우는 <u>땅이 꺼지게</u> 한숨을 쉬었습니다.

고래 등 같다

 사전에 나온 뜻이에요.

주로 기와집이 덩그렇게 높고 큼을 이르는 말.

 쉽게 설명해 볼까요.

고래는 물속에 사는 동물 중에 가장 크다고 해요. 그럼 고래의 등은 얼마나 넓을까요?
아주 넓고 큰 곳을 나타낼 때 쓰는 표현으로 주로 집과 같은 장소를 나타낼 때 씁니다.

 관용구 쓰기

고	래		등		같	다				

 교과서에 나온 문장이에요.

> **교과 단원**
> 국어활동 3-2 가 1. 재미가 솔솔
> 글 제목 : 좁쌀 한 톨로 장가든 총각

임금님이 사신다는 <u>고래 등 같은</u> 궁궐도 구경했어.

	임	금	님	이		사	신	다	는		고	래	V
등		같	은		궁	궐	도		구	경	했	어	.

이렇게 활용해 보아요.

고래 등 같은 집에 살면서도 남의 것을 탐내는 욕심쟁이였어.

고	래		등		같	은		집	에		살
면	서	도		남	의		것	을		탐	내	는	V
욕	심	쟁	이	였	어	.					

 한 번 더 활용해 보아요.

높이 솟은 고래 등 같은 집을 보고 입이 떡 벌어졌다.

어안이 벙벙하다

 사전에 나온 뜻이에요.

뜻밖에 놀랍거나 기막힌 일을 당하여 어리둥절하다.

 쉽게 설명해 볼까요.

'어안'은 어이없어 말을 못 하고 있는 혀 안을 뜻해요. '벙벙하다'는 말은 멍한 상태를 뜻하지요.
어리둥절한 상황에서 한 마디 말도 못하고 멍할 때 쓰는 표현이에요.

 관용구 쓰기

어	안	이		벙	벙	하	다			

 교과서에 나온 문장이에요.

> **교과 단원**
> 국어활동 4-1 나 9. 생각을 나누어요
> 글 제목 : 가난한 사람들의 아버지

의사가 병을 낫게 해 준 것도 모자라 병원비도 내지 말고 도망을 가라니 **어안이 벙벙하였지요.**

	의	사	가		병	을		낫	게		해
준		것	도		모	자	라		병	원	비	도	V
내	지		말	고		도	망	을		가	라	니	V
어	안	이		벙	벙	하	였	지	요	.	

이렇게 활용해 보아요.

갑작스런 사고 소식에 다들 **어안이 벙벙한** 채 그 자리에 서 있었다.

갑	작	스	런		사	고		소	식	에
다	들		어	안	이		벙	벙	한		채
그		자	리	에		서		있	었	다	.

 한 번 더 활용해 보아요.

졸지에 회장이 된 솔이는 **어안이 벙벙하여** 친구들을 쳐다보기만 했다.

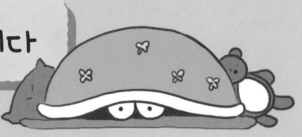

상태
눈만 끔벅[깜박]거리다

 사전에 나온 뜻이에요.

아무 생각 없이 있다. 또는 잘 몰라서 어리둥절해하다.

 쉽게 설명해 볼까요.

사람은 생각이 많아지게 되면 눈을 이리저리 움직이며 고민을 해요. 하지만 아무 생각도 나지 않거나, 몰라서 생각조차 할 수 없을 땐 숨 쉬듯 눈만 깜박거리게 된답니다.

 관용구 쓰기

눈	만		끔	벅	거	리	다				

 교과서에 나온 문장이에요.

> 교과 단원
> 국어활동 4-2 가 1. 이야기를 간추려요
> 글 제목 : 덜덜이와 비단주름과 큰손발이

사신으로 뽑힌 세 사람은 그저 멍한 얼굴로 **눈만 끔벅거릴** 뿐이었습니다.

	사	신	으	로		뽑	힌		세		사	람
은		그	저		멍	한		얼	굴	로		눈
만		끔	벅	거	릴		뿐	이	었	습	니	다

이렇게 활용해 보아요.

몇 번씩 같은 설명을 했는데도 동생은 **눈만 깜박거리고** 있었다.

몇		번	씩		같	은		설	명	을
했	는	데	도		동	생	은		눈	만	깜
박	거	리	고		있	었	다	.		

 한 번 더 활용해 보아요.

병원에 누워 있자니 **눈만 끔벅거리고** 있을 뿐 아무것도 할 것이 없었다.

업어 가도 모르다

 사전에 나온 뜻이에요.

잠이 깊이 들어 웬만한 소리나 일에는 깨어나지 아니하는 상태이다.

 쉽게 설명해 볼까요.

잠이 든 상태여도 곁에서 시끄러운 소리가 나면 잠이 깨기 마련이에요. 하지만 누군가 업어 가도 모를 정도라면 무척 깊이 잠이 든 상태를 말하겠지요?

 관용구 쓰기

업	어		가	도		모	르	다	

 교과서에 나온 문장이에요.

> **교과 단원**
> 국어활동 4-2 가 1. 이야기를 간추려요
> 글 제목 : 덜덜이와 비단주름과 큰손발이

잠이 들기가 어렵지 일단 잠이 들면 말 그대로 누가 **업어 가도 모를** 만큼 깊이 잠든다.

잠	이		들	기	가		어	렵	지		일
단		잠	이		들	면		말		그	대	로∨
누	가		업	어		가	도		모	를		만
큼		깊	이		잠	든	다	.			

이렇게 활용해 보아요.

하루 종일 뛰어다닌 덕분에 **업어 가도 모를** 정도로 잠을 잘 자고 있어.

	하	루		종	일		뛰	어	다	닌		덕
분	에		업	어		가	도		모	를		정
도	로		잠	을		잘		자	고		있	어

한 번 더 활용해 보아요.

얼마나 깊이 잠이 들었는지 누가 **업어 가도 모를** 정도예요.

상태

넋을 잃다

 사전에 나온 뜻이에요.

1. 제정신을 잃고 멍한 상태가 되거나 정신을 잃다.
2. 어떤 사물을 보는 데 열중하여 정신이 없다.

 쉽게 설명해 볼까요.

사람의 정신이나 마음을 '넋'이라고 말해요. 너무 큰 충격을 받거나, 무언가에 빠져들어 있어서 정신을 차릴 수 없을 정도의 상태를 비유하는 표현이지요.

 관용구 쓰기

넋	을	잃	다					

 교과서에 나온 문장이에요.

교과 단원
국어 5-2 가 1. 문학이 주는 감동
글 제목 : 마당을 나온 암탉

"오, 세상에!" 잎싹은 <u>넋을 잃고</u> 서 있었다.

	"	오	,	세	상	에	!	"	
잎	싹	은		넋	을		잃	고	서
있	었	다	.						

이렇게 활용해 보아요.

할아버지의 사고 소식에 엄마는 **넋을 잃고** 주저앉으셨다.

할	아	버	지	의		사	고		소	식	에	V
엄	마	는		넋	을		잃	고		주	저	앉
으	셨	다	.									

 한 번 더 활용해 보아요.

화려한 불꽃놀이를 보느라 사람들 대부분이 **넋을 잃고** 서 있었다.

상태

눈에 띄다

 사전에 나온 뜻이에요.

두드러지게 드러나다.

 쉽게 설명해 볼까요.

일부러 보려고 하지 않아도 눈에 보이는 경우가 있어요. 다른 사람에 비해 특별하게 보일 때도 쓸 수 있고, 주변에 비해 신경이 더 쓰일 때도 쓸 수 있는 표현이에요.

 관용구 쓰기

눈	에		띄	다					

 교과서에 나온 문장이에요.

교과 단원
국어 5-2 가 4. 글의 짜임
글 제목 : 감기와 독감

날씨가 추워지면서 기침을 하는 사람들이 **눈에 띄게** 늘어났다.

날	씨	가		추	워	지	면	서		기	침
을		하	는		사	람	들	이		눈	에
띄	게		늘	어	났	다	.				

이렇게 활용해 보아요.

네가 준희를 신경 쓰는 게 <u>눈에 띄게</u> 보여.

	네	가		준	희	를		신	경		쓰	는	∨
게		눈	에		띄	게		보	여	.			

 한 번 더 활용해 보아요.

일부러 <u>눈에 띄는</u> 행동을 할 필요는 없어.

상태

밥값을 하다

 사전에 나온 뜻이에요.

제 역할을 하다.

 쉽게 설명해 볼까요.

공부나 일을 하려면 밥을 잘 먹어야 한다고 해요. 밥을 먹어야 힘을 내서 무엇이든 해낼 수 있으니까요. 밥을 먹은 만큼의 일이나 대가를 한다는 뜻으로 사용하는 표현이에요.

 관용구 쓰기

밥	값	을		하	다		

 교과서에 나온 문장이에요.

> 교과 단원
> 국어 5-2 나 11. 문학 작품을 새롭게
> 글 제목 : 꼬마와 현주

그런 건 놔둬 봤자 산란 성적이 나빠서 결국 **밥값도 못 하는** 거야.

그	런		건		놔	둬		봤	자		산
란		성	적	이		나	빠	서		결	국
밥	값	도		못		하	는		거	야	.

이렇게 활용해 보아요.

우리 집 개가 도둑을 쫓아냈어! **밥값을** 제대로 **했지** 뭐야.

	우	리		집		개	가		도	둑	을	
쫓	아	냈	어	!		밥	값	을		제	대	로 V
했	지		뭐	야	.							

 한 번 더 활용해 보아요.

빈둥거리며 농땡이 피지 말고 **밥값이라도 해**!

상태
불똥을 맞다 [불똥이 튀다]

 사전에 나온 뜻이에요.

(주로 관계없는 사람에게) 재앙이나 화가 미치다.

 쉽게 설명해 볼까요.

불에 타고 있는 물건에서 튀어나오는 아주 작은 불덩이를 '불똥'이라고 해요.
다툼이 있는 곁에서 뜻하지 않게 안 좋은 말을 들었을 때 '불똥을 맞았다'라고 표현해요.

 관용구 쓰기

불	똥	을		맞	다		

 교과서에 나온 문장이에요.

> 교과 단원
> 국어활동 5-2 가 1. 문학이 주는 감동
> 글 제목 : 십자수

빨래를 개키다 엉뚱하게 **불똥을 맞은** 엄마가 할머니와 아빠를 번갈아 바라보았다.

	빨	래	를		개	키	다		엉	뚱	하	게	V
불	똥	을		맞	은		엄	마	가		할	머	
니	와		아	빠	를		번	갈	아		바	라	
보	았	다	.										

이렇게 활용해 보아요.

여기서 싸움 구경하다간 **불똥이 튈지도** 몰라.

	여	기	서		싸	움		구	경	하	다	간	V
불	똥	이		튈	지	도		몰	라	.			

 한 번 더 활용해 보아요.

엄마가 화나셨을 땐 숙제 검사라는 **불똥을 맞기** 마련이다.

발 디딜 틈도 없다

 사전에 나온 뜻이에요.

복작거리어 혼잡스럽다.

 쉽게 설명해 볼까요.

교실이나 방이 너무 어질러 있어서 선뜻 들어가지 못 했던 적이 있나요? 사람이 너무 많은 곳도 쉽게 들어갈 수가 없지요. 한 걸음 내딛기도 어려울 정도로 복잡한 상태를 표현한답니다.

 관용구 쓰기

발		디	딜		틈	도		없	다	

 교과서에 나온 문장이에요.

교과 단원
국어활동 5-2 나 10. 글을 요약해요
글 제목 : 엄마는 파업 중

거실에 들어서자마자, **발 디딜 틈도 없이** 흐트러져 있는 장난감이 눈에 들어왔어요.

거	실	에		들	어	서	자	마	자	,	발	∨
디	딜		틈	도		없	이		흐	트	러	져	∨
있	는		장	난	감	이		눈	에		들	어
왔	어	요	.									

이렇게 활용해 보아요.

축제가 열린 학교는 **발 디딜 틈도 없이** 사람들로 북적거렸다.

축	제	가		열	린		학	교	는		발
디	딜		틈	도		없	이		사	람	들	로	V
북	적	거	렸	다	.								

 한 번 더 활용해 보아요.

며칠 방 정리를 안 했더니 **발 디딜 틈도 없이** 지저분하구나.

동음이의어와 다의어는 헷갈려~

동음이의어는 글자가 만들어질 때부터 서로 관련이 없는 단어로, 읽을 때 소리가 같기 때문에 동(同:한가지 동) 음(音:소리 음)이라고 하고, 뜻이 다르다고 하여 이(異:다를 이) 의(義:뜻 의)라고 부릅니다. 다의어는 같은 뿌리에 서 태어났지만, 많은(多:많을 다) 뜻(義:뜻 의)이 있는 단어로 비유적 은유적인 의미로 다양하게 사용됩니다.

동음이의어를 예문으로 알아볼까요?

① 배[배]에서 배[배]를 잔뜩 먹었더니 배[배]가 부르다.

② 내일 잠자리[잠자리]를 잡으로 간다고 일찍 잠자리[잠짜리]에 들었다.

③ 길 한가운데 쌓인 거름[거름]을 보고 걸음[거름]을 멈추었다.

위 문장 중에 2번 문장은 동음이의어가 아니에요. 동음이의어는 '소리'로 구분하기 때문이지요. 단어의 모양이 달라도 소리가 같으면 동음이의어라고 하며 단어의 모양은 같지만 소리가 다르면 동음이의어가 아니라는 것! 기억해 두세요.

그렇다면 다의어는 어떤 단어가 있을까요?

① **손**

뿌리   사람의 팔목 끝에 달린 부분. (예:손을 흔들며 인사를 하였다.)
가지¹ 손가락. (예:반지를 손에 끼워 주었다.)
가지² 일손. (예:일이 많아져서 손이 부족해졌다.)
가지³ 일을 하는 데 드는 사람의 힘이나 노력, 기술. (예:손이 많이 가는 음식)
가지⁴ 어떤 사람의 영향력이나 권한이 미치는 범위.
         (예:교실에는 선생님의 손이 미치지 않는 곳은 없다.)

② **소리**

뿌리   물체의 진동에 의하여 생긴 음파가 귀청을 울리어 귀에 들리는 것.
         (예:방금 무슨 소리 듣지 못했어?)
가지¹ 말. (예:네가 무슨 소리를 하는지 도대체 모르겠어.)
가지² 사람의 목소리. (예:소리 지르지 마.)
가지³ 여론이나 소문. (예:근거 없는 소리는 아닌 것 같아.)
가지⁴ 판소리나 잡가 따위를 통틀어 이르는 말. (예:소리를 아주 잘하는 친구예요.)

예문과 함께 살펴보니 쉽게 이해가 되지요? 다양한 동음이의어와 다의어를 직접 찾아보는 것도 좋아요.

2장

심리
감정

혀를 차다

📖 **사전에 나온 뜻이에요.**

마음이 언짢거나 유감의 뜻을 나타내다.

📄 **쉽게 설명해 볼까요.**

안타까운 마음이 들거나 못마땅할 때 가볍게 혀를 입천장에 붙였다 떼며 소리를 내는 모습을 말해요. '쯧쯧'이나 '끌끌'과 같이 쓰이는 경우가 많아요.

 관용구 쓰기

혀	를		차	다					

 교과서에 나온 문장이에요.

> **교과 단원**
> 국어활동 3-1 가 5. 내용을 간추려요
> 글 제목 : 플랜더스의 개

뒤따라오던 할아버지가 가엾다는 듯이 **혀를 찼습니다.**

뒤	따	라	오	던		할	아	버	지	가
가	엾	다	는		듯	이		혀	를		찼	습
니	다	.								

이렇게 활용해 보아요.

'쯧쯧, 불쌍해라.' **혀를 차며** 조심스레 강아지를 안아 올렸다.

		'	쯧	쯧	,		불	쌍	해	라	.	'	
	혀	를		차	며		조	심	스	레			강
아	지	를		안	아		올	렸	다	.			

 한 번 더 활용해 보아요.

> 교과 단원
> 국어활동 4-2 나 6. 우리말 여행을 떠나요
> 글 제목 : 사투리 경연 대회

동호 할아버지는 첫 참가자 사투리를 듣고는 **혀를 끌끌 찼다.**

심리
감정

눈에 거슬리다

 사전에 나온 뜻이에요.

(행동이나 모습이 거슬려) 불쾌한 느낌이 들다.

 쉽게 설명해 볼까요.

누군가의 행동이나 모습이 순수하게 받아들여지지 않고 자꾸 언짢은 느낌이 들면서 기분이
상할 때가 있어요. 그런 마음을 나타내는 말이랍니다.

 **관용구 쓰기**

눈	에		거	슬	리	다				

 교과서에 나온 문장이에요.

> 교과 단원
> 국어활동 3-2 나 7. 감동을 느껴 보아요
> 글 제목 : 바위 나라와 아기 별

그렇지만 혼자서 눈물을 흘리는 것조차 임금님의 **눈에 거슬리고** 말았습니다.

그	렇	지	만		혼	자	서		눈	물	을	V
흘	리	는			것	조	차		임	금	님	의
눈	에		거	슬	리	고			말	았	습	니	다	.

이렇게 활용해 보아요.

좋아하는 친구는 아니지만, 별로 <u>눈에 거슬리는</u> 일은 없어.

	좋	아	하	는		친	구	는		아	니	지
만	,	별	로		눈	에		거	슬	리	는	
일	은		없	어	.							

 한 번 더 활용해 보아요.

도대체 언제까지 <u>눈에 거슬리는</u> 그런 행동을 계속할 거야?

심리 / 감정

가슴이 서늘하다

 사전에 나온 뜻이에요.

두려움으로 마음속에 찬 바람이 이는 것같이 선득하다.

 쉽게 설명해 볼까요.

어두운 길을 지나거나, 혼자 있을 때 문득 무서운 생각이 들 때가 있어요. 그러면 몸에 차가운 바람이 지나듯 서늘함을 느끼게 되지요. 그 느낌을 표현할 때 사용하면 유용하답니다.

 관용구 쓰기

가	슴	이		서	늘	하	다			

 **교과서에 나온 문장이에요.**

> 교과 단원
> 국어 4-1 가 1. 이야기 속으로
> 글 제목 : 고양이야, 미안해!

가슴이 서늘해져서 나도 모르게 발걸음이 느려졌습니다.

가	슴	이		서	늘	해	져	서		나	도 V
모	르	게		발	걸	음	이		느	려	졌습
니	다	.									

이렇게 활용해 보아요.

희미한 촛불마저 꺼져 버리자 순간 **가슴이 서늘해졌다.**

희	미	한		촛	불	마	저		꺼	져
버	리	자		순	간		가	슴	이		서	늘
해	졌	다	.							

 한 번 더 활용해 보아요.

예은이와 연락이 되지 않자, 엄마는 **가슴이 서늘해졌다.**

뒤통수를 맞다

 사전에 나온 뜻이에요.

1. 배신이나 배반을 당하다.
2. 예상치 못한 일을 당하다.

 쉽게 설명해 볼까요.

뒤에서 일어나는 일은 잘 알지 못해요. 뒤에서 갑자기 누군가 나타나서 내 머리를 치려 해도 맞기 전에 알아채기란 쉽지 않지요. 생각지도 못한 일을 갑자기 당했을 때 쓸 수 있는 표현이에요.

 **관용구 쓰기**

뒤	통	수	를		맞	다			

 교과서에 나온 문장이에요.

> 교과 단원
> 국어 4-1 가 3. 문장을 알맞게
> 글 제목 : 지우개 따먹기 법칙

나는 **뒤통수를** 한 대 **맞은** 기분이었다.

	나	는		뒤	통	수	를		한		대
맞	은		기	분	이	었	다	.			

이렇게 활용해 보아요.

가만히 있다가는 언제 **뒤통수를 맞을**지 모른다니까.

	가	만	히		있	다	가	는		언	제
뒤	통	수	를			맞	을	지		모	른	다	니
까	.										

 한 번 더 활용해 보아요.

마음을 터놓고 지낸다면 **뒤통수 맞는** 일은 없을 거야.

심리 감정

걱정이 태산이다

걱정

 사전에 나온 뜻이에요.

해결해야 할 일이 너무 많거나 복잡해서 걱정이 태산처럼 크다.

 쉽게 설명해 볼까요.

'태산'에서 태는 '클 태(太)' 자로, 높고 큰 산을 뜻하기도 하고 크고 많음을 비유적으로 이르기도 해요. 온종일 생각날 정도로 걱정스러울 때 사용하면 좋은 표현이에요.

 관용구 쓰기

걱	정	이		태	산	이	다		

 교과서에 나온 문장이에요.

> 교과 단원
> 국어 4-2 가 1. 이야기를 간추려요
> 글 제목 : 울보 바보 이야기

마을에서 가장 나이가 많아서 마을 어르신 노릇을 하고 있는 할아버지는 **걱정이 태산** 같아.

	마	을	에	서		가	장		나	이	가
많	아	서		마	을		어	르	신		노	릇
을		하	고		있	는		할	아	버	지	는	V
걱	정	이		태	산		같	아	.		

이렇게 활용해 보아요.

추운 겨울을 지낼 생각을 하니 **걱정이 태산**이구나.

	추	운		겨	울	을		지	낼		생	각
을		하	니		걱	정	이		태	산	이	구
나	.											

 한 번 더 활용해 보아요.

숙제 때문에 **걱정이 태산** 같겠지만, 우선 잠을 자는 게 좋겠어.

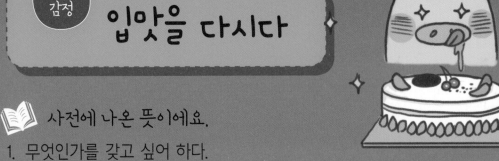

심리
감정

입맛을 다시다

📖 사전에 나온 뜻이에요.

1. 무엇인가를 갖고 싶어 하다.
2. 일이 마음대로 되지 아니하여 귀찮아하거나 난처해하다.

📖 쉽게 설명해 볼까요.

맛있는 음식을 보면 먹고 싶은 마음에 침이 고이게 되지요. 이처럼 음식이나 물건을 갖고 싶어 하는 마음을 나타낼 때 쓰는 표현이에요. 하지만 원하는 대로 되지 않을 때도 쓸 수 있답니다.

 관용구 쓰기

입	맛	을		다	시	다			

 교과서에 나온 문장이에요.

> 교과 단원
> 국어 4-2 가 1. 이야기를 간추려요
> 글 제목 : 신기한 사과나무

까망쇠와 칠복이도 **입맛만 다실** 뿐 사과에 입을 대지는 못했어요.

까	망	쇠	와		칠	복	이	도		입	맛
만		다	실		뿐		사	과	에		입	을 V
대	지	는			못	했	어	요	.		

이렇게 활용해 보아요.

진열대에 늘어선 다양한 케이크를 보며 **입맛을 다셨습니다**.

진	열	대	에		늘	어	선		다	양	한	V
케	이	크	를			보	며		입	맛	을		다
셨	습	니	다	.								

 한 번 더 활용해 보아요.

민기는 좋은 기회를 놓쳤다며 **입맛을 다셨다**.

가슴이 덜컹[철렁]하다

 사전에 나온 뜻이에요.

몹시 놀라다.

 쉽게 설명해 볼까요.

갑자기 놀라거나 겁에 질리게 되면 가슴이 쿵쾅거리며 울렁이게 돼요.
그 모습을 나타내는 '덜컹거리다'에서 '가슴이 덜컹하다'라는 표현이 나왔답니다.

 관용구 쓰기

가	슴	이		덜	컹	하	다				

 교과서에 나온 문장이에요.

교과 단원
국어 4-2 나 9. 시와 이야기에 담긴 세상
글 제목 : 거미의 장난

대롱대롱 공중에 매달려 **가슴 덜컹하게 한다.**

대	롱	대	롱		공	중	에		매	달	려	V
가	슴		덜	컹	하	게		한	다	.		

이렇게 활용해 보아요.

선생님이 내 이름을 부르는 순간 **가슴이 덜컹했다.**

선	생	님	이		내		이	름	을		부
르	는		순	간		가	슴	이		덜	컹	했
다	.										

 한 번 더 활용해 보아요.

활짝 열려 있는 대문을 보고 **가슴이 철렁하여** 급히 뛰어 들어갔다.

심리·감정

입을 다물지 못하다

 사전에 나온 뜻이에요.

(엄청나거나 갑작스러워) 놀라다.

 쉽게 설명해 볼까요.

무척 놀라면 입이 저절로 떡 벌어지게 되지요. 그리고 쉽게 입을 다물 수가 없어요.
그 모습에서 온 표현이에요. 크게 감격했을 때도 쓸 수 있어요.

 **관용구 쓰기**

입	을		다	물	지		못	하	다		

 교과서에 나온 문장이에요.

> **교과 단원**
> 국어 4-2 나 9. 시와 이야기에 담긴 세상
> 글 제목 : 글자 놀이

장운은 붓과 벼루를 가슴에 싸안고서 **입을 다물지 못했다.**

장	운	은		붓	과		벼	루	를		가
슴	에		싸	안	고	서		입	을		다	물
지		못	했	다	.						

이렇게 활용해 보아요.

화려한 가을 단풍에 나는 **입을 다물지 못했다.**

	화	려	한		가	을		단	풍	에		나
는		입	을		다	물	지		못	했	다	.

 한 번 더 활용해 보아요.

그림 솜씨가 어찌나 뛰어난지 사람들이 모두 **입을 다물지 못했다.**

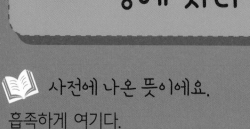

 사전에 나온 뜻이에요.

흡족하게 여기다.

쉽게 설명해 볼까요.

'성'은 사람이나 사물의 본바탕을 뜻해요. 본바탕이 가득할 정도가 되어야 만족할 수 있겠지요?
'성에 차다'는 근본적으로 만족스러울 때 쓰는 표현이에요.

 관용구 쓰기

성	에		차	다							

교과 단원
국어활동 4-1 가 3. 문장을 알맞게
글 제목 : 안녕, 굿모닝?

 교과서에 나온 문장이에요.

"녀석, 무얼 그리 킁킁거리며 돌아보고 섰어? 네가 살 집이 **성에 차지** 않는 모양이구나."

	"	녀	석	,		무	얼		그	리		킁	킁
거	리	며			돌	아	보	고			섰	어	?
네	가		살			집	이			성	에		차	지 V
않	는			모	양	이	구	나	.	"		

이렇게 활용해 보아요.

아이는 빵 하나로 **성에 차지 않는** 표정이었다.

아	이	는		빵		하	나	로		성	에	V
차	지		않	는		표	정	이	었	다	.	

 한 번 더 활용해 보아요.

엄마의 사랑은 언제나 **성에 차고도** 넘쳤다.

심리
감정

고개를 떨구다

📖 사전에 나온 뜻이에요.

결과에 실망하다.

📄 쉽게 설명해 볼까요.

자신이 생각했던 것과 다른 결과가 나오면 기운이 쭉 빠지면서 어깨도 축 늘어지고 고개도
가누기 힘들 정도가 되고 말지요. 실망한 마음을 잘 표현할 수 있는 말이에요.

 관용구 쓰기

고	개	를		떨	구	다			

교과 단원
국어 5-2 가 1. 문학이 주는 감동
글 제목 : 선물

 교과서에 나온 문장이에요.

그 순간 아이들의 어머니는 잡고 있던 남편의 손을 놓고 **고개를 떨구었다.**

	그		순	간		아	이	들	의		어	머
니	는		잡	고		있	던		남	편	의	
손	을		놓	고		고	개	를		떨	구	었
다	.											

이렇게 활용해 보아요.

노력에 비해 좋지 않은 결과로 **고개를 떨굴** 수밖에 없었다.

노	력	에		비	해		좋	지		않	은	V
결	과	로		고	개	를		떨	굴		수	밖
에		없	었	다	.							

 한 번 더 활용해 보아요.

서림이는 **고개를 떨군** 채 교실 밖으로 걸어 나갔다.

심리 감정

목이 메다 [막히다]

 사전에 나온 뜻이에요.

설움이 북받치다.

 쉽게 설명해 볼까요.

'메다'는 비어 있는 곳이 막히거나 채워진다는 뜻이에요. 비유적인 표현을 이용해서 어떤 감정이 북받쳐 목소리가 잘 나지 않을 때 사용할 수 있지요.

 관용구 쓰기

목	이		메	다									

 교과서에 나온 문장이에요.

> 교과 단원
> 국어 5-2 가 1. 문학이 주는 감동
> 글 제목 : 마당을 나온 암탉

털을 뽑는 동안 잎싹은 목이 메었다.

	털	을		뽑	는		동	안		잎	싹	은	V
목	이		메	었	다	.							

이렇게 활용해 보아요.

친구들과 헤어져야 한다는 생각에 **목이 메었다**.

| 친 | 구 | 들 | 과 | | 헤 | 어 | 져 | 야 | | 한 | 다 |
| 는 | | 생 | 각 | 에 | | 목 | 이 | | 메 | 었 | 다 | . |

 한 번 더 활용해 보아요.

목이 메어 더 이상 아무 말도 하지 못하고 서 있었다.

할 말을 잊다

 사전에 나온 뜻이에요.

놀랍거나 어처구니없는 일을 당하여 기가 막히다.

 쉽게 설명해 볼까요.

기본적으로는 알고 있던 것이나 기억해야 할 것이 기억 나지 않을 때 쓰는 말이지만,
관용적으로 너무 놀란 마음을 표현할 때도 쓸 수 있어요.

 **관용구 쓰기**

할		말 을		잇 다				

 교과서에 나온 문장이에요.

> 교과 단원
> 국어 5-2 가 2. 견문과 감상을 나타내어요
> 쪽 번호 : 59쪽

처음 보는 일출에 나는 잠시 **할 말을 잊고** 그 모습을 쳐다보았다.

처	음		보	는		일	출	에		나	는	V
잠	시		할		말	을		잇	고		그	
모	습	을		쳐	다	보	았	다	.			

이렇게 활용해 보아요.

엉망진창이 된 교실을 보고 모두들 **할 말을 잊었다**.

	엉	망	진	창	이		된		교	실	을
보	고		모	두	들		할		말	을		잊
었	다	.									

 한 번 더 활용해 보아요.

그동안 벌어졌던 이야기를 듣고 정말 **할 말을 잊고** 말았다.

심리 감정

어처구니가 없다

 사전에 나온 뜻이에요.

어떤 일이 놀랍고 납득하기 어렵다.

 쉽게 설명해 볼까요.

'어처구니'란 생각 밖으로 엄청나게 큰 사람이나 물건을 말해요. 너무 엄청난 일을 마주했을 때와 '어처구니'를 마주했을 때, 믿기 힘든 마음이겠지요? 같은 의미로 '어이 없다'라는 표현을 쓰기도 해요.

 **관용구 쓰기**

어	처	구	니	가		없	다		

 교과서에 나온 문장이에요.

> 교과 단원
> 국어 5-2 나 10. 글을 요약해요
> 글 제목 : 아빠 좀 빌려 주세요

종우는 **어처구니가 없어서** 입이 다물어지지 않았다.

	종	우	는		어	처	구	니	가		없	어
서		입	이		다	물	어	지	지		않	았
다	.											

이렇게 활용해 보아요.

이번엔 <u>어처구니 없게도</u> 예은이가 지고 말았대.

| 이 | 번 | 엔 | | 어 | 처 | 구 | 니 | | 없 | 게 | 도 | V |
| 예 | 은 | 이 | 가 | | 지 | 고 | | 말 | 았 | 대 | . | |

 한 번 더 활용해 보아요.

이따금 어쩔 수 없이 <u>어처구니 없는</u> 일을 당하기도 해.

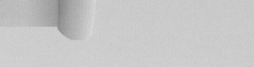

어떤 단어를 써야 하지?

말로는 쉽게 쓰는 단어이지만, 막상 글로 쓰려고 하면 머뭇거리며 헷갈리는 단어들이 있습니다. 발음대로 썼다가 틀리는 경우가 종종 있는 헷갈리는 단어에는 어떤 것이 있을까요?

❶ 구지 / 굳이

구지　땅의 가장 낮은 곳. 또는 적에게 쉽게 발견되지 않을 만큼 깊숙이 팬 땅.

굳이　단단한 마음으로 굳게. 또는 고집을 부려 구태여.

❷ 낳다 / 낫다

낳다　배 속의 아이, 새끼, 알을 몸 밖으로 내놓다.

낫다　병이나 상처 따위가 고쳐져 본래대로 되다.

❸ 반드시 / 반듯이

반드시　틀림없이 꼭.

반듯이　작은 물체, 또는 생각이나 행동 따위가 비뚤어지거나 기울거나 굽지
　　　　아니하고 바르게.

❹ 않 / 안

않다　(동사나 형용사 뒤에서 '–지 않다' 구성으로 쓰여) 앞말이 뜻하는 행동을
　　　　부정하는 뜻을 나타내는 말.

안　　'아니'의 준말. (동사나 형용사 앞에 쓰여) 부정이나 반대의 뜻을 나타내는 말.

❺ 좇다 / 쫓다

좇다　목표, 남의 말, 관습 등 주로 추상적인 것을 따르고 추구할 때 쓰는 말.

쫓다　어떤 대상을 잡거나 만나기 위하여 뒤를 급히 따르는 경우에 사용.

이 밖에도 우리가 말과 달리 글에서는 헷갈리고 틀리기 쉬운 단어들이 많이 있어요. 평소에 자주 쓰는 말 중에 잘못 쓰고 있는 단어는 없는지 한 번 생각해 보는 것도 좋겠지요?

3장

태도

귀를 기울이다

 사전에 나온 뜻이에요.

남의 이야기나 어떤 소리에 관심을 가지고 주의를 모으다.

 쉽게 설명해 볼까요.

상대방의 말소리나 주변 다른 소리를 주의 깊게 듣기 위해 귀를 가까이 하듯이 신경 써서 듣는 모습을 표현하는 말이에요. 집중해서 듣고 있다고 말하고 싶을 때 사용하면 좋답니다.

 관용구 쓰기

귀	를		기	울	이	다			

교과 단원
국어 3-1 가 5. 내용을 간추려요
글 제목 : 꼴찌라도 괜찮아

 교과서에 나온 문장이에요.

모두 들뜬 마음으로 선생님의 말씀에 **귀 기울였어요**.

모	두		들	뜬		마	음	으	로		선
생	님	의		말	씀	에		귀		기	울	였
어	요	.									

이렇게 활용해 보아요.

친구의 말에 **귀를 기울인** 채 꼼짝하지 않았다.

친	구	의		말	에		귀	를		기	울
인		채		꼼	짝	하	지		않	았	다.

 한 번 더 활용해 보아요.

교과 단원
국어 4-1 가 1. 이야기 속으로
글 제목 : 고양이야, 미안해!

마룻바닥에 바짝 귀를 대고 쥐 소리가 나지 않나 **귀를 기울이셨어요.**

귀를 기울이다   73

태도

이를 악물다[물다]

 사전에 나온 뜻이에요.

1. 힘에 겨운 곤란이나 난관을 헤쳐 나가려고 비상한 결심을 하다.
2. 매우 어렵거나 힘든 상황을 애써 견디거나 꾹 참다.

 쉽게 설명해 볼까요.

괴롭고 힘든 일이 있을 때 괴로움을 꾹 참고 견디려 애쓰고, 더 나아가서 어려움을 이겨 내고 해결하거나 앞으로 나아가려 노력하는 모습을 나타내요.

 관용구 쓰기

이	를		악	물	다				

 교과서에 나온 문장이에요.

> 교과 단원
> 국어 3-1 가 5. 내용을 간추려요
> 글 제목 : 꼴찌라도 괜찮아

아무도 기찬이를 응원하지 않고 딴전을 부렸어요. 기찬이는 **이를 악물고** 뛰었어요.

아	무	도		기	찬	이	를		응	원	하
지		않	고		딴	전	을		부	렸	어	요	.
기	찬	이	는		이	를		악	물	고		뛰
었	어	요	.								

이렇게 활용해 보아요.

무릎에서 피가 흘렀지만, **이를 악물고** 고통을 참았다.

무	릎	에	서		피	가		흘	렀	지	만	,
이	를		악	물	고		고	통	을		참	았
다	.											

한 번 더 활용해 보아요.

이를 악물고 공부하면 반드시 좋은 결과가 있을 거야.

태도

어깨가[어깨를] 으쓱해지다 ◇

 사전에 나온 뜻이에요.

뽐내고 싶은 기분이나 떳떳하고 자랑스러운 기분이 되다.

 쉽게 설명해 볼까요.

자신감이 없을 땐 어깨가 움추러들어 있어요. 반대로 스스로 자신감이 생기면 가슴을 쭉 펴고 어깨를 들먹이며 우쭐하게 되지요. 당당하고 기세 좋게 행동하는 모습을 나타낸 표현이에요.

 관용구 쓰기

어	깨	가		으	쓱	해	지	다	

 교과서에 나온 문장이에요.

교과 단원
국어활동 3-1 가 4. 높임말을 바르게 사용해요
글 제목 : 반말 왕자님

범수는 저절로 **어깨가 으쓱해졌어요.** 이렇게 좋은 걸 왜 진작 생각하지 못하였나 싶었어요.

범	수	는		저	절	로		어	깨	가
으	쓱	해	졌	어	요	.		이	렇	게		좋	은	V
걸		왜		진	작		생	각	하	지		못
하	였	나		싶	었	어	요	.		

이렇게 활용해 보아요.

차곡차곡 용돈이 모인 통장을 받는 순간 **어깨가 으쓱해졌다.**

	차	곡	차	곡		용	돈	이		모	인	
통	장	을		받	는		순	간		어	깨	가 V
으	쓱	해	졌	다	.							

 한 번 더 활용해 보아요.

승아는 시험을 잘 봤는지 **어깨를 으쓱거리며** 다녔다.

태도

정신을 차리다

 사전에 나온 뜻이에요.

1. 잃었던 의식을 되찾다. 2. 잘못이나 실패의 원인을 알아서 뉘우치며 정신을 다잡다.
3. 사리를 분별하게 되다.

 쉽게 설명해 볼까요.

'정신'은 마음이나 영혼을 뜻하기도 하고, 판단 능력 또는 마음의 자세나 태도를 뜻하기도 해요.
흐트러졌던 마음을 다잡는 경우에 사용하면 좋은 표현이 된답니다.

 관용구 쓰기

정	신	을		차	리	다			

교과 단원
국어활동 3-2 가 4. 들으면서 적어요
글 제목 : 좋은 습관을 길러요

 교과서에 나온 문장이에요.

게으름뱅이가 **정신을 차렸을** 때는 바오바브나무가 너무 커 버려 도저히 뽑을 수가 없었어요.

게	으	름	뱅	이	가		정	신	을		차
렸	을		때	는		바	오	바	브	나	무	가	V
너	무		커		버	려		도	저	히		뽑
을		수	가		없	었	어	요	.		

이렇게 활용해 보아요.

아이는 며칠을 잠을 자고 나서야 **정신을 차렸다.**

아	이	는		며	칠	을		잠	을		자
고		나	서	야		정	신	을		차	렸	다	.

 한 번 더 활용해 보아요.

교과 단원
국어활동 4-1 나 7. 의견과 근거
글 제목 : 잘못 뽑은 반장

네 번째 후보 라빈이가 연설을 할 때서야 퍼뜩 **정신이 들어** 연설 내용을 생각하여 보았다.

태도

입술을 깨물다

 사전에 나온 뜻이에요.

1. 북받치는 감정을 힘껏 참다.
2. 어떤 결의를 굳게 하다.

 쉽게 설명해 볼까요.

웃음이 터지는 상황이나 슬픔을 참아야 하는 상황에서 소리가 나지 않도록 아랫입술을 꾹 깨물곤 하지요. 이런 모습에서 나온 표현으로 감정을 조절하며 마음을 다잡을 때 사용할 수 있어요.

 관용구 쓰기

입	술	을		깨	물	다			

교과 단원
국어 4-1 가 1. 이야기 속으로
글 제목 : 행복한 비밀 하나

 교과서에 나온 문장이에요.

자존심이 상한 영만이는 **입술을** 잔뜩 **깨물더니** 벌떡 일어나 민철이에게 달려들었다.

자	존	심	이		상	한		영	만	이	는	V
입	술	을		잔	뜩		깨	물	더	니		벌
떡		일	어	나		민	철	이	에	게		달
려	들	었	다	.								

이렇게 활용해 보아요.

우스꽝스럽지만 무척 진지한 모습에 **입술을 깨물며** 웃음을 참아야 했다.

우	스	꽝	스	럽	지	만		무	척		진
지	한		모	습	에		입	술	을		깨	물
며		웃	음	을		참	아	야		했	다	.

한 번 더 활용해 보아요.

은호는 달리기 시합에서 1등을 하겠다며 **입술을 깨물었다.**

귀를 의심하다

 사전에 나온 뜻이에요.

믿기 어려운 이야기를 들어 잘못 들은 것이 아닌가 생각하다.

 쉽게 설명해 볼까요.

쉽게 믿을 수 없는 이야기를 듣게 되면 혹시 내 귀에 이상이 생긴 건 아닌지, 혹시 잘못 들은 건 아닌지 생각하게 돼요. '의심'을 하게 되지요. 이때 쓸 수 있는 표현이에요.

 관용구 쓰기

귀	를		의	심	하	다			

교과 단원
국어활동 4-1 나 9. 생각을 나누어요
글 제목 : 가난한 사람들의 아버지

 교과서에 나온 문장이에요.

"나중에 혹시 누구한테 잡히면 원장이 도망가라 하더라고 말하시요." 환자는 **귀를 의심했습니다.**

	"	나	중	에		혹	시		누	구	한	테	V
잡	히	면		원	장	이		도	망	가	라		
하	더	라	고		말	하	시	요	.	"			
	환	자	는		귀	를		의	심	했	습	니	
다	.												

이렇게 활용해 보아요.

외국으로 떠났던 친구가 돌아왔단 얘기에 내 **귀를 의심했다.**

	외	국	으	로		떠	났	던		친	구	가	V
돌	아	왔	단		얘	기	에		내		귀	를	V
의	심	했	다	.									

 한 번 더 활용해 보아요.

네가 그랬다는 말에 엄마는 **귀를 의심할** 수밖에 없었어.

머리를 식히다

 사전에 나온 뜻이에요.

흥분되거나 긴장된 마음을 가라앉히다.

 쉽게 설명해 볼까요.

생각을 깊이 하거나 공부에 열중하면 오히려 머릿속이 복잡해질 때가 있어요. 그럴 땐 뜨거운 열을 식히듯이 생각을 잠시 멈추고 휴식을 주어야 해요. '머리를 식히면서' 말이지요.

 관용구 쓰기

머	리	를		식	히	다			

 교과서에 나온 문장이에요.

> 교과 단원
> 국어활동 4-2 가 2. 제안하고 실천하고
> 글 제목 : 내 자전거니까

화가 난 태원이는 **머리도 식힐** 겸, 새 자전거를 타고 아파트 단지 안을 몇 바퀴나 돌았다.

화	가		난		태	원	이	는		머	리
도		식	힐		겸	,		새		자	전	거	를	V
타	고		아	파	트		단	지		안	을
몇		바	퀴	나		돌	았	다	.		

이렇게 활용해 보아요.

엄마, 간식 좀 먹으면서 <u>머리를 식혀</u>야겠어요.

| 엄 | 마 | , | | 간 | 식 | | 좀 | | 먹 | 으 | 면 | 서 | V |
| 머 | 리 | 를 | | 식 | 혀 | 야 | 겠 | 어 | 요 | . | | | |

 한 번 더 활용해 보아요.

생각이 너무 많을 땐 잠시 <u>머리를 식히는</u> 것도 도움이 될 거야.

태도

땀을 흘리다

 사전에 나온 뜻이에요.

힘이나 노력을 많이 들여 일하다.

 쉽게 설명해 볼까요.

부지런히 몸을 움직이다 보면 땀이 나기 마련이지요. 그 의미에서 나온 이 표현은 몸을 힘겹게 움직인다는 뜻과 함께 열심히 노력한 태도를 뜻합니다.

 관용구 쓰기

땀	을		흘	리	다			

 교과서에 나온 문장이에요.

교과 단원
국어활동 4-2 나 9. 시와 이야기에 담긴 세상
글 제목 : 숲 속의 대장간

그놈의 토끼 한 마리 때문에 아침내 공연히 **땀만 흘렸네.**

그	놈	의		토	끼		한		마	리
때	문	에		아	침	내		공	연	히	땀
만		흘	렸	네	.					

이렇게 활용해 보아요.

땀 흘려 모아 둔 내 용돈이 모두 없어졌어!

땀		흘	려		모	아		둔		내
용	돈	이		모	두		없	어	졌	어	!

 한 번 더 활용해 보아요.

너희가 **땀 흘린** 만큼 아름답게 바뀔 거야.

신경을 곤두세우다

📖 **사전에 나온 뜻이에요.**

긴장하며 주의를 기울이다.

📄 **쉽게 설명해 볼까요.**

어떤 위험한 상황이나 긴박한 상황에서 집중하고 긴장하는 모습을 나타내는 표현이에요.
비슷한 표현으로 '촉각을 곤두세우다'를 사용할 수 있어요.

 관용구 쓰기

신	경	을		곤	두	세	우	다	

교과 단원
국어 5-2 가 1. 문학이 주는 감동
글 제목 : 마당을 나온 암탉

교과서에 나온 문장이에요.

잎싹은 온 **신경을 곤두세우고** 찔레 덤불까지 다가갔다.

잎	싹	은		온		신	경	을		곤	두
세	우	고		찔	레		덤	불	까	지		다
가	갔	다	.								

이렇게 활용해 보아요.

신경을 곤두세우고 아이들이 수군거리는 소리에 귀를 기울였다.

	신	경	을		곤	두	세	우	고		아	이
들	이		수	군	거	리	는		소	리	에	
귀	를		기	울	였	다	.					

한 번 더 활용해 보아요.

긴장하지 마. 뭘 그렇게까지 신경을 곤두세우고 있어?

| | | | | | | | | | | | | |
| | | | | | | | | | | | | |

 태도

팔을 걷어붙이다

📖 사전에 나온 뜻이에요.

어떤 일에 뛰어들어 적극적으로 일할 태세를 갖추다.

📕 쉽게 설명해 볼까요.

요즘처럼 반팔이나 반바지를 흔하게 입지 않던 시절에는 일을 하기 위해 소매나 바짓단을
둘둘 말아 올려야 했어요. 그런 태도에서 나온 표현으로 '팔소매를 걷다'도 같이 쓸 수 있어요.

 관용구 쓰기

팔	을		걷	어	붙	이	다	

 교과서에 나온 문장이에요.

> 교과 단원
> 국어 5-2 나 10. 글을 요약해요
> 글 제목 : 아빠를 빌려주세요

그때부터 **팔을 걷어붙이고** 어머니께서는 저녁 준비를 하셨다.

	그	때	부	터		팔	을		걷	어	붙	이
고		어	머	니	께	서	는			저	녁		준
비	를		하	셨	다	.						

이렇게 활용해 보아요.

이제부터 내가 **팔을 걷어붙이고** 도와줄 터이니 걱정하지 마.

이	제	부	터		내	가		팔	을		걷
어	붙	이	고		도	와	줄		터	이	니
걱	정	하	지		마	.					

 한 번 더 활용해 보아요.

영서는 친구 일이라면 **팔을 걷어붙이며** 나서고는 했다.

풀이 죽다

 사전에 나온 뜻이에요.

기세가 꺾여 활기가 없다.

 쉽게 설명해 볼까요.

예로부터 풀은 쌀이나 밀가루 따위로 만든 끈끈한 물질로 무엇을 붙이거나 옷감 등을 빳빳하게 만드는 데 썼어요. 시간이 오래되면 풀은 기운이 빠지고 약해지는데 그 의미에서 나온 표현이에요.

 관용구 쓰기

풀	이		죽	다					

 교과서에 나온 문장이에요.

교과 단원
국어활동 5-2 나 10. 글을 요약해요
글 제목 : 엄마는 파업 중

잔뜩 **풀이 죽어** 있는 나에게 아버지께서 말씀하셨어요.

잔	뜩		풀	이		죽	어		있	는
나	에	게		아	버	지	께	서		말	씀	하
셨	어	요	.							

이렇게 활용해 보아요.

그깟 일로 <u>풀 죽어</u> 있지 말고 나랑 같이 나가서 신나게 놀자.

그	깟		일	로		풀		죽	어		있
지		말	고		나	랑		같	이		나	가
서		신	나	게		놀	자	.			

 한 번 더 활용해 보아요.

시험을 망쳤다고 <u>풀이 죽어서</u> 방에만 들어가 있어요.

태도

코웃음을 치다

 사전에 나온 뜻이에요.

남을 깔보고 비웃다.

 쉽게 설명해 볼까요.

코웃음은 상대방을 비웃거나 나쁘게 대하는 웃음이에요. '흥!' 하는 감탄사를 이용해서 한 마디로 표현하기도 하지요. 상대방에게 무례한 태도이기 때문에 사용할 때 주의해야 하는 행동이에요.

 관용구 쓰기

코	웃	음	을		치	다				

 교과서에 나온 문장이에요.

> 교과 단원
> 국어 6-2 나 11. 문학의 향기
> 글 제목 : 저승에 있는 곳간

옆에 서 있던 저승사자가 <u>코웃음을</u> 치며 말했다.

옆	에		서		있	던		저	승	사	자
가		코	웃	음	을			치	며		말	했	다

이렇게 활용해 보아요.

기분 나쁘게 왜 자꾸 **코웃음을 치는** 거야?

기	분		나	쁘	게		왜		자	꾸
코	웃	음	을		치	는		거	야	?

 한 번 더 활용해 보아요.

교과 단원
국어 2-2 가 3. 마음을 담아서
글 제목 : 개미와 베짱이

그러나 베짱이는 **코웃음을 치면서** 이렇게 말하였습니다.

바람을 쐬다

 사전에 나온 뜻이에요.

1. 기분 전환을 위하여 바깥이나 딴 곳을 거닐거나 다니다.
2. 다른 곳의 분위기나 생활을 보고 듣고 하다.

 쉽게 설명해 볼까요.

실내에 있다가 바깥으로 나가면 시원한 바람에 기분이 달라지곤 하지요. 마음이 좋지 않거나 복잡할 때 기분 전환을 하자는 뜻으로 사용되기도 하고, 외국같이 다른 분위기의 장소로 가는 의미로 쓰기도 해요.

 관용구 쓰기

바	람	을		쐬	다						

 교과서에 나온 문장이에요.

> 교과 단원
> 국어 6-2 나 7. 다양한 생각
> 글 제목 : 마지막 숨바꼭질

"경민아, 엄마랑 둘이 **바람 쐬러** 나갈까?"

		"	경	민	아	,		엄	마	랑		둘	이	
바	람		쐬	러		나	갈	까	?	"				

이렇게 활용해 보아요.

잠시 차가운 **바람을 쐬고** 나자 기분이 한결 나아졌다.

잠	시		차	가	운		바	람	을		쐬
고		나	자		기	분	이		한	결		나
아	졌	다	.								

 한 번 더 활용해 보아요.

이번에는 유럽 쪽으로 **바람을 쐬러** 나갔다 올 거야.

우리말을 쓸 때 바른 표현, 바른말을 쓰라고 합니다. 하지만 어느 시대든 흘러가는 유행어가 있기 마련이고, 새로운 말이 생기기도 해요. 유행어나 새로운 말들은 긴 시간 동안 사람들 사이에서 정착하면서 표준어로 지정되기도 합니다. 유행처럼 만들어진 비속어가 표준어에 포함되기도 한다는 것, 신기하고 놀랍지 않나요?

❶ 개고생

어려운 일이나 고비가 닥쳐 톡톡히 겪는 고생. '개-'가 붙어 있어서 표준어가 아닌 것 같지만, 여기서 '개-'는 '정도가 심한'의 뜻을 더하는 접두사로 쓰였어요. 이 외에도 개떡, 개살구 등 '야생 상태의' 또는 '질이 떨어지는', '흡사하지만 다른'의 뜻을 더하거나, 개수작, 개꿈 등 '헛된', '쓸데없는'의 뜻을 더하는 접두사로 쓰입니다.

❷ 조지다

왠지 무섭게 느껴지는 말이지요? 하지만 짜임새가 느슨하지 않도록 단단히 맞추어서 박는다는 뜻과 일이나 말이 허술하게 되지 않도록 단단히 단속한다는 뜻이 있어요. 속된 표현으로 사용해서 일을 망친다는 뜻과 먹어 없앤다는 뜻도 있답니다. 그리고 호되게 때린다는 뜻도 있으니 무섭긴 하네요.

❸ 거시기

전라도 지방에서 많이 사용하기 때문에 표준어가 아니라고 생각하겠지만, 대명사와 감탄사로 사용되는 표준어예요. 대명사로 쓰일 때는 이름이 얼른 생각나지 않거나 바로 말하기 곤란한 사람 또는 사물을 가리키는 말이고, 감탄사일 때는 하려는 말이 얼른 생각나지 않거나 바로 말하기가 거북할 때 쓰는 군소리로 쓰인답니다.

❹ 쌈박하다

발음이 거칠어서 비속어가 아닐까 하는 생각이 드는 단어예요. 하지만 물건이나 어떤 대상이 시원스럽도록 마음에 들거나 일의 진행이나 처리 따위가 시원하고 말끔하게 이루어질 때 쓸 수 있는 표준어입니다.

❺ 개기다

이 단어는 표준어가 아니었지만, 2014년에 표준어로 등재되었어요. 사람들 사이에서 오랜 기간 꾸준히 사용되었기 때문이지요. 하지만 명령이나 지시를 따르지 않고 버티거나 반항한다는 뜻을 속되게 표현한 단어이기 때문에 자주 쓰지 않는 게 좋겠지요?

4장

행위

머리를 긁(적이)다

 사전에 나온 뜻이에요.

수줍거나 무안해서 어쩔 줄 모를 때 그 어색함을 무마시키려고 하는 습관적인 행동을 표현한 말.

 쉽게 설명해 볼까요.

부끄럽거나 무안하여 어색할 때 무심코 하는 행동 중 하나가 머리를 긁는 것이지요.
정말 머리가 간지러워서 긁는 것이 아니라 민망한 상황에 대한 행동이랍니다.

 관용구 쓰기

머	리	를		긁	다					

 교과서에 나온 문장이에요.

교과 단원
국어 3-1 가 5. 내용을 간추려요
글 제목 : 꼴찌라도 괜찮아

"그것도 한 바퀴나 차이 나게 진 거야?" 이호는 머리를 긁적이며 멋쩍게 웃었어요.

	"	그	것	도		한		바	퀴	나		차
이		나	게		진		거	야	?	"		
	이	호	는			머	리	를		긁	적	이	며	V
멋	쩍	게		웃	었	어	요	.				

이렇게 활용해 보아요.

동생을 울리고 난 후 머리만 긁적이고 있었다.

	동	생	을		울	리	고		난		후
머	리	만		긁	적	이	고		있	었	다	.

한 번 더 활용해 보아요.

교과 단원
국어활동 4-1 나 7. 의견과 근거
글 제목 : 잘못 뽑은 반장

나는 허리를 깊숙이 숙여 인사를 하고 뒷머리를 긁적이며 자리로 돌아왔다.

발바닥에 불이 나다[일다]

 사전에 나온 뜻이에요.

부리나케 여기저기 돌아다니다.

 쉽게 설명해 볼까요.

오래도록 이곳저곳을 돌아다니고 나면 발바닥이 불이 난 것처럼 후끈거릴 때가 있어요.
이처럼 열심히 움직이며 바쁜 상황에 사용하는 표현입니다. 이리저리 움직이는 모습을
직접적으로 표현할 수도 있어요.

 관용구 쓰기

발	바	닥	에		불	이		나	다		

 교과서에 나온 문장이에요.

교과 단원
국어 3-1 가 5. 내용을 간추려요
글 제목 : 꼴찌라도 괜찮아

기찬이는 눈을 질끈 감고 <u>발바닥에 불이 나도록</u> 내달렸어요.

	기	찬	이	는		눈	을		질	끈		감
고		발	바	닥	에		불	이		나	도	록 V
내	달	렸	어	요	.							

이렇게 활용해 보아요.

약속 시간에 늦어 **발바닥에 불이 나도록** 뛰었다.

	약	속		시	간	에		늦	어		발	바
닥	에		불	이		나	도	록		뛰	었	다 .

한 번 더 활용해 보아요.

발바닥에 불이 일 정도로 알아봐야 답을 얻을 수 있어.

행위

목을 축이다

 사전에 나온 뜻이에요.

목이 말라 물 따위를 마시다.

쉽게 설명해 볼까요.

'축이다'는 물 따위에 적시어 축축하게 한다는 뜻이에요. 목을 축인다는 것은 목마름에 물을 마신다는 직접적인 뜻도 있지만, 잠시 쉰다는 뜻으로도 사용할 수 있어요.

 관용구 쓰기

목	을		축	이	다				

 교과서에 나온 문장이에요.

> 교과 단원
> 국어 3-1 가 1. 감동을 나누어요
> 글 제목 : 퐁퐁이와 툴툴이

샘물에 <u>목을 축인</u> 토끼는 숲 속을 깡충깡충 뛰어다녔어요.

샘	물	에		목	을		축	인		토	끼
는		숲		속	을		깡	충	깡	충	뛰
어	다	녔	어	요	.						

이렇게 활용해 보아요.

작은 새 한 마리가 물웅덩이에서 **목을 축이고** 있었다.

작	은		새		한		마	리	가		물
웅	덩	이	에	서		목	을		축	이	고
있	었	다	.								

 한 번 더 활용해 보아요.

시원한 나무 그늘 아래에서 잠시 **목을 축였다.**

행위

눈치를 살피다

 사전에 나온 뜻이에요.

남의 눈치를 엿보다.

 쉽게 설명해 볼까요.

'눈치'는 남의 마음을 그때그때 상황으로 미루어 알아내는 것이에요. 마음 편하게 행동하지 못하고 다른 사람의 마음을 신경쓰고 있을 때 쓰는 표현이에요.

 관용구 쓰기

눈	치	를		살	피	다					

 교과서에 나온 문장이에요.

> **교과 단원**
> 국어활동 3-1 가 5. 내용을 간추려요
> 글 제목 : 플랜더스의 개

개는 두 눈으로 할아버지와 네로의 <u>눈치를 살폈</u>지만, 조심스럽게 할짝할짝 죽을 먹기 시작했습니다.

개	는		두		눈	으	로		할	아	버
지	와		네	로	의		눈	치	를		살	폈
지	만	,	조	심	스	럽	게		할	짝	할	짝	V
죽	을		먹	기		시	작	했	습	니	다	.

이렇게 활용해 보아요.

눈치 살필 것 없이 네 집처럼 편히 지내다 가도 괜찮아.

	눈	치		살	필		것		없	이		네	V
집	처	럼		편	히		지	내	다		가	도	V
괜	찮	아	.										

한 번 더 활용해 보아요.

누렁이는 주인집 개의 **눈치를 살피는가** 싶더니, 곧 이리저리 활보하고 다녔다.

배꼽을 쥐다[잡다]

 사전에 나온 뜻이에요.

웃음을 참지 못하여 배를 움켜잡고 크게 웃다.

 쉽게 설명해 볼까요.

재미있는 말이나 행동에 배가 아플 정도로 심하게 웃는다는 뜻의 표현이에요. 얼마나 재미있으면 배를 쥐어 잡으면서 웃을까요? 배꼽 쥐는 일이 많으면 참 즐거울 거예요.

 관용구 쓰기

배	꼽	을		쥐	다					

 교과서에 나온 문장이에요.

교과 단원
국어 4-1 가 1. 이야기 속으로
글 제목 : 행복한 비밀 하나

옆에서 찬영이가 <u>배꼽을 쥐는</u> 시늉을 하며 웃었다.

	옆	에	서		찬	영	이	가		배	꼽	을	V
쥐	는		시	늉	을		하	며		웃	었	다	.

이렇게 활용해 보아요.

네가 내 편지를 읽으며 **배꼽을 쥐고** 웃고 있길 바라.

	네	가		내		편	지	를		읽	으	며	V
배	꼽	을			쥐	고			웃	고		있	길
바	라	.											

한 번 더 활용해 보아요.

혁이의 우스꽝스러운 표정에 가족들은 **배꼽을 잡고** 웃어댔다.

행위
뜸을 들이다

 사전에 나온 뜻이에요.

일이나 말을 할 때에, 쉬거나 여유를 갖기 위해 서둘지 않고 한동안 가만히 있는 경우를
비유적으로 이르는 말.

 쉽게 설명해 볼까요.

음식을 할 때 불을 <u>끄고도</u> 뚜껑을 열지 않고 속까지 완전히 익을 때까지 기다리는 것이
뜸이에요. 말이나 행동을 곧바로 하지 않고 시간을 두고 기다릴 때 쓰는 표현이랍니다.

 관용구 쓰기

뜸	을		들	이	다				

 교과서에 나온 문장이에요.

> 교과 단원
> 국어 4-1 가 3. 문장을 알맞게
> 글 제목 : 지우개 따먹기 법칙

뜸을 들이던 준혁이가 말을 꺼냈다.

	뜸	을		들	이	던		준	혁	이	가
말	을		꺼	냈	다	.					

이렇게 활용해 보아요.

뜸 들이지 말고 어서 일어나서 움직여!

	뜸	들	이	지		말	고		어	서
일	어	나	서		움	직	여	!		

 한 번 더 활용해 보아요.

그만큼 **뜸을 들였으면** 이제 말해 줄 때도 되었잖아?

행위 목을 놓아[놓고]

 사전에 나온 뜻이에요.

주로 울거나 부르짖을 때에 참거나 삼가지 않고 소리를 크게 내어.

 쉽게 설명해 볼까요.

우리는 자신의 목소리 크기를 스스로 조절하며 말할 수 있어요. 하지만 감정이 너무 북받칠 때는 조절하는 게 쉽지 않지요. 감정을 주체하지 못하고 울거나 소리치는 모습을 표현합니다.

 관용구 쓰기

목	을		놓	아								

 교과서에 나온 문장이에요.

교과 단원
국어 4-2 가 1. 이야기를 간추려요
글 제목 : 울보 바보 이야기

그러면 온 마을 사람들이 덩달아 **목 놓아** 울었어.

그	러	면		온		마	을		사	람	들
이		덩	달	아		목		놓	아		울	었
어	.										

이렇게 활용해 보아요.

우승을 한 선수들이 다함께 **목 놓아** 울고 있었다.

	우	승	을		한		선	수	들	이		다
함	께		목		놓	아		울	고		있	었
다	.											

 한 번 더 활용해 보아요.

멀리 떠난 기차를 향해 **목 놓아** 어머니를 불렀다.

행위

손사래를 치다

 사전에 나온 뜻이에요.

거절이나 부인을 하며 손을 펴서 마구 휘젓다.

 쉽게 설명해 볼까요.

'손사래'의 뜻 자체가 '어떤 말이나 사실을 인정하지 않거나 남에게 조용히 하라고 할 때 손을 펴서 휘젓는 일'이에요. 강하게 거절하거나 부인하는 행동을 표현하는 말이랍니다.

 관용구 쓰기

손	사	래	를		치	다			

 교과서에 나온 문장이에요.

교과 단원
국어 4-2 가 1. 이야기를 간추려요
글 제목 : 신기한 사과나무

칠복이는 말이 없고, 센돌이는 힘껏 <u>손사래를 쳤어요</u>.

	칠	복	이	는		말	이		없	고	,		센
돌	이	는		힘	껏		손	사	래	를			쳤
어	요	.											

이렇게 활용해 보아요.

있는 힘껏 <u>손사래를 쳤지만</u>, 이내 칠판 앞으로 불려 나갔다.

	있	는		힘	껏		손	사	래	를		쳤
지	만	,	이	내		칠	판		앞	으	로	
불	려		나	갔	다	.						

한 번 더 활용해 보아요.

교과 단원
국어활동 4-1 가 3. 문장을 알맞게
글 제목 : 안녕, 굿모닝?

그런데 할아버지는 무슨 생각을 했는지 곧바로 <u>손사래를 쳤다.</u>

허리가 부러지다

 사전에 나온 뜻이에요.

1. 어떤 일에 대한 부담이 감당하기 어려운 상태가 되다.
2. 당당한 기세가 꺾이고 재주를 펼 수 없게 되다. 3. 몹시 우습다.

 쉽게 설명해 볼까요.

허리는 우리 몸의 중심과 같아요. 중심이 부러지면 어떻게 될까요? 어떤 일이든 기세 좋게 하기
힘들 거예요. 무척 힘겨운 상황에서도 쓰는 표현이지만 허리가 휘청거릴 정도로 우스울 때도 쓴답니다.

 관용구 쓰기

허	리	가		부	러	지	다				

 교과서에 나온 문장이에요.

만년 샤쓰 창남이가 교문 근처에 오자 학생들이 허리가 부러지게 웃기 시작하였다.

만	년		샤	쓰		창	남	이	가		교
문		근	처	에		오	자		학	생	들	이	V
허	리	가		부	러	지	게		웃	기		시
작	하	였	다	.							

이렇게 활용해 보아요.

아버지는 **허리가 부러지도록** 일하셨지만 우리를 보고 항상 웃어 주셨다.

아	버	지	는		허	리	가		부	러	지
도	록		일	하	셨	지	만		우	리	를
보	고		항	상		웃	어		주	셨	다 .

 한 번 더 활용해 보아요.

서현이의 수학 실력이 **허리가 부러진 듯** 더 나아지질 않았다.

머리를 쥐어짜다

 사전에 나온 뜻이에요.

몹시 애를 써서 궁리하다.

 쉽게 설명해 볼까요.

'쥐어짜다'는 억지로 쥐어서 비틀거나 눌러 액체 따위를 꼭 짜낸다는 뜻 뿐만 아니라 골똘히
생각한다는 뜻도 있어요. 생각이 잘 나지 않아서 억지로 생각을 떠올리려는 모습을 나타낸답니다.

 관용구 쓰기

머	리	를		쥐	어	짜	다			

 교과서에 나온 문장이에요.

교과 단원
국어활동 4-1 나 7. 의견과 근거
글 제목 : 반장 선거

이제부터 어떻게 해야 할지, 아무리 머리를 쥐어짜도 시원한 답이 나오지 않았다.

이	제	부	터		어	떻	게		해	야
할	지	,	아	무	리		머	리	를		쥐	어
짜	도		시	원	한		답	이		나	오	지	V
않	았	다	.							

이렇게 활용해 보아요.

하나의 좋은 글귀를 위해 며칠 동안 **머리를 쥐어짰는지** 모른다.

	하	나	의		좋	은		글	귀	를		위
해		며	칠		동	안		머	리	를		쥐
어	짰	는	지		모	른	다	.				

한 번 더 활용해 보아요.

앉아서 **머리만 쥐어짠다고** 뾰족한 수가 나오진 않았다.

행위

종종걸음을 놓다[치다]

 사전에 나온 뜻이에요.

발을 가까이 자주 떼며 급히 움직이다.

 쉽게 설명해 볼까요.

마음이 급해지면 발은 빨라지기 마련이에요. 발을 자주 떼며 급히 걷는 걸음을 '종종걸음'이라고 해요. '종종걸음을 놓다'는 말은 무척 바쁜 모양을 표현할 때 쓸 수 있어요.

 관용구 쓰기

종	종	걸	음	을		놓	다		

교과서에 나온 문장이에요.

교과 단원
국어활동 4-1 나 9. 생각을 나누어요
글 제목 : 가난한 사람들의 아버지

바다가 훤희 보이는 4층짜리 복음병원 안에서 장기려는 항상 <u>종종걸음을 쳤습니다.</u>

바	다	가		훤	희		보	이	는		4
층	짜	리		복	음	병	원		안	에	서
장	기	려	는		항	상		종	종	걸	음	을	V
쳤	습	니	다	.							

이렇게 활용해 보아요.

하루 종일 **종종걸음을** 치며 심부름을 다녔더니 다리가 아파 왔다.

하	루		종	일		종	종	걸	음	을
치	며		심	부	름	을		다	녔	더	니
다	리	가		아	파		왔	다	.	

 한 번 더 활용해 보아요.

유빈이는 무엇이 그리 바쁜지 **종종걸음을 놓으며** 지나갔다.

입을 다물다

 사전에 나온 뜻이에요.

말을 하지 아니하거나 하던 말을 그치다.

 쉽게 설명해 볼까요.

입을 꾹 다물고 있다면 아무 말도 할 수 없지요. 내가 말을 하기 싫을 때도 사용할 수 있고,
상대방이 말을 하지 못하게 할 때 사용할 수 있어요.

 관용구 쓰기

입	을		다	물	다				

 교과서에 나온 문장이에요.

> 교과 단원
> 국어활동 5-2 나 9. 다양하게 읽어요
> 글 제목 : 사자와 마녀와 옷장

늘대한테 끌려갔다는 소식을 전해 들었을 때도 에드먼드는 그저 **입을** 꾹 **다물고** 있었습니다.

늘	대	한	테		끌	려	갔	다	는		소
식	을		전	해		들	었	을		때	도
에	드	먼	드	는		그	저		입	을	꾹 V
다	물	고		있	었	습	니	다	.		

이렇게 활용해 보아요.

나는 **입 다물고** 있을 테니까 네가 가서 다 설명해.

나	는		입		다	물	고		있	을
테	니	까		네	가		가	서		다	설
명	해	.								

한 번 더 활용해 보아요.

네가 **입을 다물고** 있어 봤자 이 문제가 해결되는 건 아니야.

주먹을 불끈 쥐다

 사전에 나온 뜻이에요.

갑자기 주먹을 꼭 쥐며 무엇에 대한 결의를 나타내다.

 쉽게 설명해 볼까요.

주먹을 꼭 쥘 땐 순간적으로 강한 힘을 손에 모아서 쥐어요. 힘, 결심 등을 표현하는 행동이지요.
이 표현을 이용해서 강한 의지를 드러낼 수 있어요.

 관용구 쓰기

주	먹	을		불	끈		쥐	다	

 교과서에 나온 문장이에요.

교과 단원
국어 6-2 나 7. 다양한 생각
글 제목 : 마지막 숨바꼭질

남자보다 더 강인하게 두 <u>주먹을 쥐고</u> 가족을 위하여 가난과 싸운 용감한 전사들이었단다.

	남	자	보	다		더		강	인	하	게
두		주	먹	을		쥐	고		가	족	을
위	하	여		가	난	과		싸	운		용	감
한		전	사	들	이	었	단	다	.		

이렇게 활용해 보아요.

"내가 오늘 쥐 소굴을 꼭 찾고야 말겠어." 엄마는 두 **주먹을 불끈 쥐셨어요**.

	"	내	가		오	늘		쥐		소	굴	을	V
꼭		찾	고	야		말	겠	어	.	"			
엄	마	는		두		주	먹	을		불	끈	V	
쥐	셨	어	요	.									

한 번 더 활용해 보아요.

오늘부터 두 **주먹을 불끈 쥐고** 공부만 할 거야!

그린이 김원주 | 사람들에게 따뜻함을 전하고 싶어서 그림을 그리고 있습니다. 매년 서울 국제 도서전과 서울 일러스트레이션 페어를 비롯하여 여러 행사 및 전시에 꾸준히 참여하며 작품 활동을 하고 있습니다. KBS〈슈퍼맨이 돌아왔다〉와 아리랑TV에 삽화 작업을 맡았고, 개인전과 단체전을 여는 등 다양한 활동을 하였습니다. 현재 산그림 작가로 등록되어 있습니다.

따라 쓰면 알게 되는 시리즈 1권

초등 교과서 관용구 따라 쓰기

2017년 11월 28일 1판 1쇄 펴냄

엮음	편집부
그림	김원주
펴낸이	박인수
펴낸곳	주니어단디
주소	경기도 고양시 일산서구 주화로 40, 303호
편집	조지흔
디자인	전지혜
영업	유인철
등록	제406-2016-000041호.(2016.3.21.)
전화	031-941-2480
팩스	031-905-9787
이메일	dandibook@hanmail.net
홈페이지	dandibook.com

ISBN   979-11-958144-9-7

KC **모델명** | 따라 쓰면 알게 되는 시리즈 1권 초등 교과서 관용구 따라 쓰기 **제조년월** | 2017. 11. 28. **제조자명** | 주니어단디 **제조국명** | 대한민국 **주소** | 경기도 고양시 일산서구 주화로 40, 303호 **전화번호** | 031-941-2480 **사용연령** | 7세 이상